Fabien Wadouka

Un coeur avec un sentiment dans une vie une valeur

Fabien Wadouka

Un coeur avec un sentiment dans une vie une valeur

Éditions Muse

Imprint
Any brand names and product names mentioned in this book are subject to trademark, brand or patent protection and are trademarks or registered trademarks of their respective holders. The use of brand names, product names, common names, trade names, product descriptions etc. even without a particular marking in this work is in no way to be construed to mean that such names may be regarded as unrestricted in respect of trademark and brand protection legislation and could thus be used by anyone.

Cover image: www.ingimage.com

Publisher:
Éditions Muse
is a trademark of
Dodo Books Indian Ocean Ltd. and OmniScriptum S.R.L publishing group

120 High Road, East Finchley, London, N2 9ED, United Kingdom
Str. Armeneasca 28/1, office 1, Chisinau MD-2012, Republic of Moldova, Europe
Printed at: see last page
ISBN: 978-620-4-96326-6

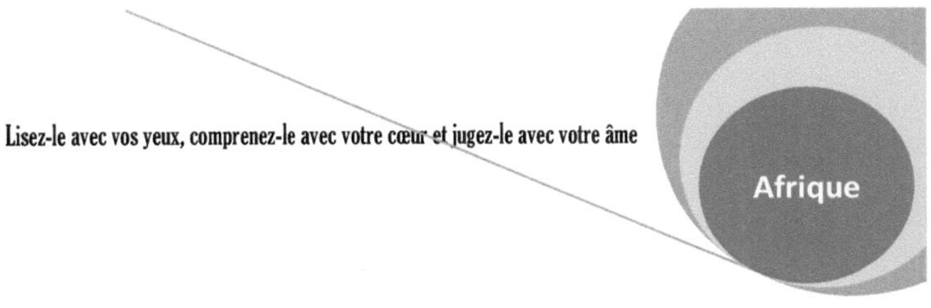

A tous ceux qui ont un cœur

A tous ceux qui souhaitent te voir en fleur

A tous ceux qui ont une âme

A tous ceux qui souhaitent te sortir des flammes

Cet appel aux sons des cithares leur est destiné

A tous les africains opprimés et pieux

Aux dirigeants rêvant de toucher les cieux

Aux fils et filles de l'Afrique, ambitieux

A tous ces sales gestes officieux

Amour
Afrique

Afrique

UN CŒUR AVEC UN SENTIMENT
DANS
UNE VIE AVEC UNE VALEUR

UN CŒUR AVEC UN
SENTIMENT
DANS
UNE VIE AVEC UNE
VALEUR

A la femme africaine

I

Quand je t'ai vu

Je t'ai senti

Et ressenti

Il était nu

Comme un livre ouvert

Ordonné en vers,

Ton cœur, oui

Il était beau

Et sans manteau

Son bruit

Tel un pétard

Comme un costard.

Toutes ces couleurs autour de toi

Sur toi, répandent de leur aloi

Pour ces fantasmes aigus

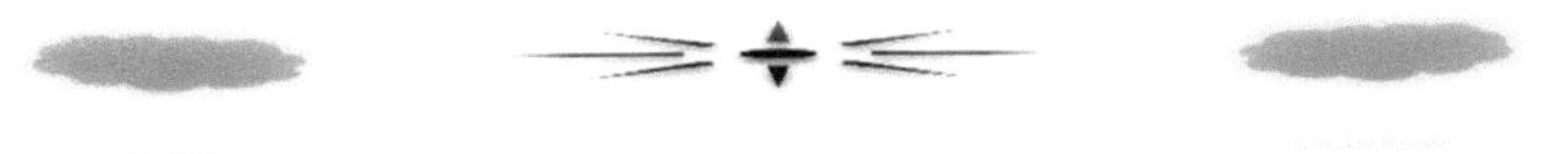

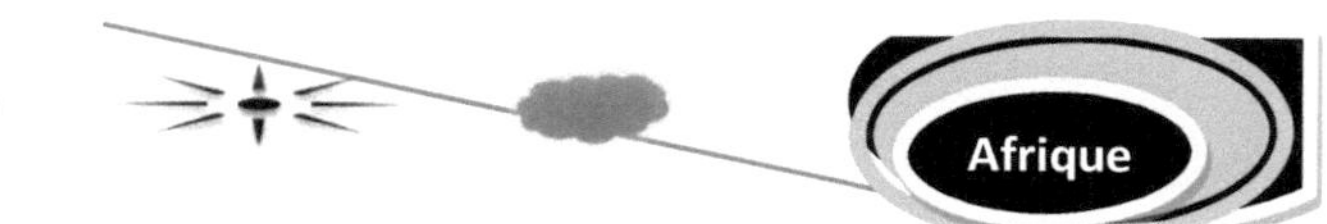

Du vers ou du bleu

Des arbres ou des mers

Tous si mélodieux

Enclavé d'oiseaux mères

Qui chantent les merveilles

De la vie tous les matins

Cette vie si belle

Aussi si cruelle

Détermine-t-elle qui sommes-nous.

La porte du mal s'est ouverte

Je sens s'approcher la fin des temps

Oui ces fleurs qui fanent au fils des temps

La ruse et la découverte

La paix la joie la haine le cœur doux.

Aussi un tant soit peu

Je marcherai droit devant ta face

Aussi tu restes vertueux

Offre-moi ton sourire en héritage
Avant que ton souffle ne se lasse
Offre-moi ta plume blanche en héritage

Le danger c'est d'être loin toi
Pas un jour sans que rien ne se passe
Le vrai le faux et le tout : la loi

La loi d'être attaché à ses amis
Oui la loi du bien dont on s'en passe
La fin d'être oublié de ses amis

Un sourire sincère
Vaut mieux sur
Un objet de prix cher
D'un parjure.

Le comble est un souhait universel,

Mais le contraire est une réalité

Que beaucoup ignorent.

Le comble est la joie permanente

Mais le contraire est une réalité

Que beaucoup ignorent.

M’entends-tu ?

Me vois-tu ?

Prends-moi ma douleur

Mon mentor : j’ai peur !

Qui suis-je ?

Est-ce moi qui ai changé ?

La terre est surchargée ?

Qui suis-je ?

D’où vient tu ?

Hé ! où vas-tu ?

Qui sommes-nous ?

Que sommes-nous ?

Baisse le ton !

Lève les yeux !

Hélas ! pardon !

Dimanche pieux !

II

La femme au cœur du lion, aux forces du ratel

Que des tristesses à consommer sur ton autel

Cette beauté au pré entre ces deux boucles

Cette souffrance qui tourne comme un cycle

Sont deux choses qui s'affrontent chez la chypre

Mais la liberté t'est une chose propre

III

Quand le vent de la mort souffle

Quand vient ce Boko Haram

A la terre nous altérâmes

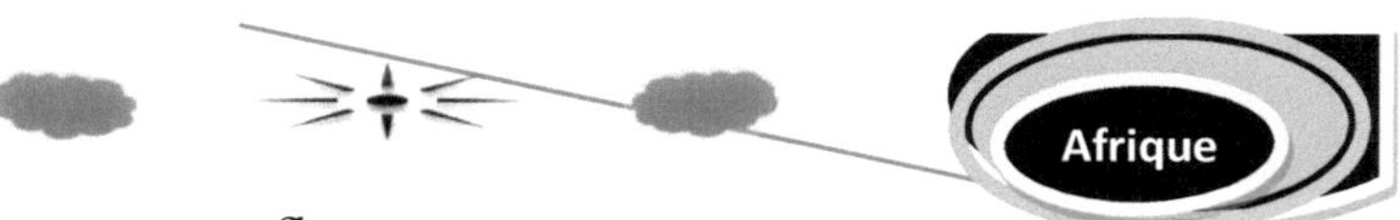

Entre les bois on camoufle

Quand ils te prennent tes fils
Quand ils immolent, tuent ton mari
A leur cause je te vois marri
Entre temps le chef s'en fiche
Quand les grondements raisonnent
Quand tous cherchent à fuir la zone
A l'horizon tu jailli des flammes
Entre les portes que nous bâclâmes

Cette flamme dans laquelle tu rentres sauver
Cette fille de trois ans déjà achevée
Songe ou réalité, Tu te demandes
Merde ! Tristement tourner à la ronde

En la femme qui se donne en oblation
Y'a qu'un cœur inconsolable à cueillir
Et qui expose son corps à l'ablation

Hélas ! Pas de temps de se recueillir

IV

Au fond des abimes je sens tes pas

Pour toi, le secours ne compte pas

Puisqu'il arrive toujours en retard

L'infirmier qui intervient en retard

VI

Le gouvernement était là

Toutes tes filles il les viola

Quand l'épée passait à travers ton cœur

Je les entendais murmurer : attendons !

Encore un peu de temps, ils sont en chœur

Deux sur soixante, ils disent : nous les tiendrons !

VII

Pendule de l'espérance

Fournaise de délivrance

Gouter au plat de l'exil
Un songe, non ! Malhabile !

Le mystère de liberté
La maxime succès de la peur
Otage le berceau de l'odeur
Les ancêtres de fierté

Une âme perdue au fond du cœur
Aux racines du mal de l'agresseur
Forge des étudiants aux espoirs lices
Semblables aux eaux des roches qui glissent
Pas un gardien de tradition
Au grand jour de libération

VIII

Je voyais ces lionceaux en chemin
Triste perdition aux voies de l'hiver
Puissant lion en tête, au manteau vert

Réservant un sort aux dents de requins.

Plus un souffle, je te sens étouffé
Comme ton pire cauchemar : bouffé !
La vie t'a offert un linge d'injustice
Et lui ; vous ; non toi que donnes-tu : serte la risse !

Quand les larmes des arbres tombent
Oups : c'est l'heure de creuser des tombes
Tous ces espoirs et rêves qu'on enterre
Ces vices au bas de l'échelle : la guerre !

IX

Je vois ces gros éléphants devenir faible
A cause des peurs et gourmandise
Tous ces types d'esprits devenus traitables
L'Afrique est perdue : quoiqu'on dise !

Invité au palais des perdus

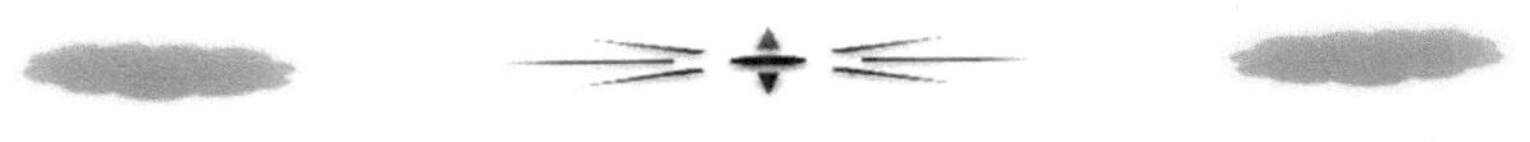

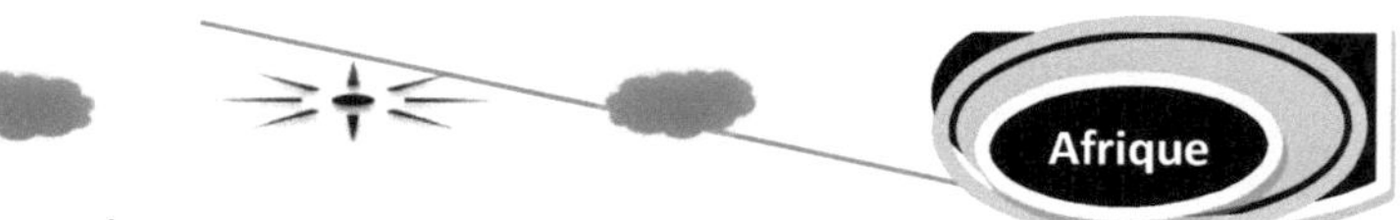

Au royaume des cris
Au camp, entouré des âmes fendues
Femmes, enfants, marris !

Tu percevais leur cœur de métal
Qui écrasait ta ville natale
Pareil à l'Etat, race de rebelles
Qui sèche toutes tes fleures très belles

Mais toi une femme au cœur conquérant
Pareille aux gazelles et biches des champs
Hâte-toi de bouger, viens !
Voici l'échec qui se tient !

X

Aux montagnes de l'encens de mon cœur
Je te dédie mon plus beau chant en chœur
Toi tu rentres dans la danse des chœurs
La forme de tes hanches,

Œuvre d'une main experte.

Tu t'éloignes de ta perte

Belle à l'aigle sur branche

Tes regards comme un rayon de miel

Telle une manne tombée du ciel

Ta voix et ton sourire, irrésistibles

Comme un rayon de soleil,

Qu'un homme voit sans cesse en sommeil

Tes chants au diadème infaillible

Tu es toute belle !

Comme le dedans d'un musée d'art

Gracieuse : telle !

Celle t'enfanta : une part !

Si seulement j'étais ton frère

Et nourri aux seins de ta mère

Je n'aurai pas à garder ma Sulamite

Dommage : tous, le mal, ils l'imitent !

Tu es une rivière d'amour

Un océan de délice

Une vase de justice

Et ton cœur, un vaste lit de glamour

Tu as pris et éloigné mon âme

Jadis déchirée par la peur et la guerre

Ton amour perse les cœurs d'une lame

Au rythme de ta démarche, j'adhère

Je le pleure encore

I

Et je vis de très loin cette femme

Qui bouillonne comme une flamme

Mon fils, à jamais tu vas me manquer

Tes souvenirs ne cessent de me hanter

Pour te protéger j'avais souffert

Sans rien garder, j'ai tout offert

Rien n'était plus beau que de t'avoir mon fils
Hélas ! Ces monstres t'on offert en sacrifice
J'ai cherché ta voix au bout du tunnel
Je ne peux que crier vers l'Eternel

Croire que tu m'as quitté pour longtemps
Comme si tu allais rentrer, je t'attends
Nous-reste ! La mort c'est une évidence
Que vienne le soleil de délivrance

II
Tu étais mon meilleur !
Te tuer une erreur !
Que vers moi mon homme
Vienne ton fantôme
Tout s'arrête ici pour moi !
Car sans les sons de ta voix
Chaque soir
Plus d'espoir !

Arriver à fermer les paupières ?

Impossible : mais de quelle manière ?

Je t'attends comme si tu allais rentrer

Oups ! Je n'ai plus personne à qui me confier.

Près de ta chaleur, tout m'est idoine

Ils tuent comme des chiens de la douane

J'ai comme envie de nourrir une grande haine

Heureusement ! Ton sang coule dans mes veines !

III

Comment vais-je traverser mes journées ?

Elles sont toutes difficiles à passer !

On était tellement complice

Ils m'ont rendu la vie complexe !

Te voir mourir, mon pire cauchemar !

Je n'avais pas envie de le savoir

Reviens-moi mon champion !

Apaise ma tension.

Je ne vois que du noir
Je ne veux pas y croire
Qui vais-je prendre sur mes épaules ?
« Wh ! » la mort ! Ce n'est qu'un tour de rôle,

IV

Encore une matinée
Que je trouve à me demander
Pourquoi ces discours ?
Vide cette cour ?
A l'aurore, le soleil du pouvoir
Oups ! Merde ! Personne n'est heureux !
Car, voyant venir ces gens au cœur noir
Personne n'ose lever les yeux.

Ces gens aux cœurs sombres
Aux sourires des fleurs

Méchantes, leurs lueurs
Faibles est leurs nombres.

V

Devant l'angoisse de la mort
Les ténèbres nous réclament
Et moi je saisis mon âme
Mais je les trouve plus forts.

Et dans le château,
Ne plus guère d'eau !
Plus de pain
Ni du vin.

Difficile de penser au bout du monde
Tant que la liberté n'est nulle proclamée.
L'unité était notre force profonde
Avant que la liberté ne soit consommée.
La femme blessée traine un cœur lourd

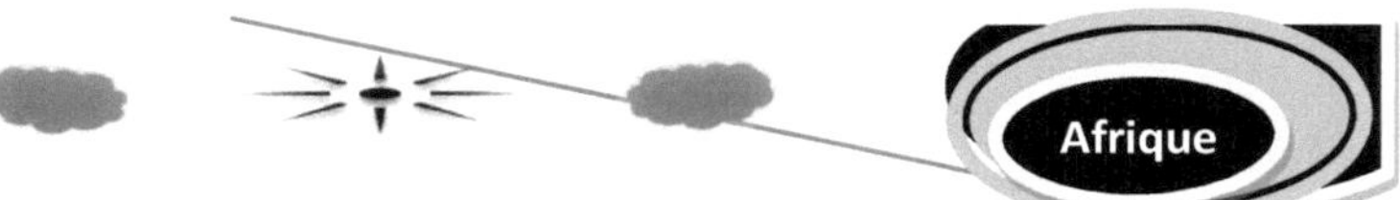

Sans espérer trouver un grand amour

Peu à peu je désaltère

Hélas ! Comme une terre.

VI

Les nuages

Voyage

Je partage

Mon courage

Ne plus jamais de justice

Elles sont mortes nos valeurs

Veines, nos souffrances

Pour nous tous, mêmes âmes et cœurs !

Une terre de souffrance

Et un quartier de silence

Pour nous les malheureux

Peut-être loin de Dieu.

Sous le flambeau

Un ciel nouveau

Malheureusement nos cœurs

Sont chargés de peur

Toute seule en brousse !

Personne à ma trousse !

Pas de pain !

Pas de faim !

Qui pourrait savoir la mesure

Des douleurs que nos âmes endurent

O mère, alors qu'on se torture

Nous-nous donnons la mort

Que joigne un vrai remords

Pour qui nous font du tort

C'est triste pour une vilaine

De voir et sentir notre peine.

Un séjour ?

Pour toujours !

A jamais nos fils sont endormis

Qu'à chacun son effort lui soit remis

VI

Voici sous le ciel étoilé

Je contemple une étoile obscure

Et ensuite près d'elle, un cœur pur

Quand le vrai africain est né.

Moi aussi, espérer, je l'ai appris

Crois-moi, un jour, tout ceci va finir

Lorsque nous auront vraiment tout bannis

Sinon contre eux ; qui pourrait tenir ?

Oh ! Mais cette souffrance ne sera bannie

Que si nos chefs cessent d'être amphigouris

Aux apparences blandices

Qui ignorent la justice.

Ma joie c'est de lutter sans cesse

Afin de produire des élus

J'ai un cœur brulant de tendresse

Et une utopie résolue !

VII

Regarde ! que font nos rois ?
Pendant qu'ils éteignent nos joies,
Que la justice hâte son retour
Que revienne à jamais l'amour !

Lorsque le ciel bleu devient sombre
Et qu'il semble me délaisser
Ma joie c'est de rester dans l'ombre
De me coucher, de m'abaisser.

Au cœur de ma tendresse
De tout, rien je n'en laisse
Que les cris de nos douleurs
Aux éclats de nos couleurs

Et au vent de nos tempêtes

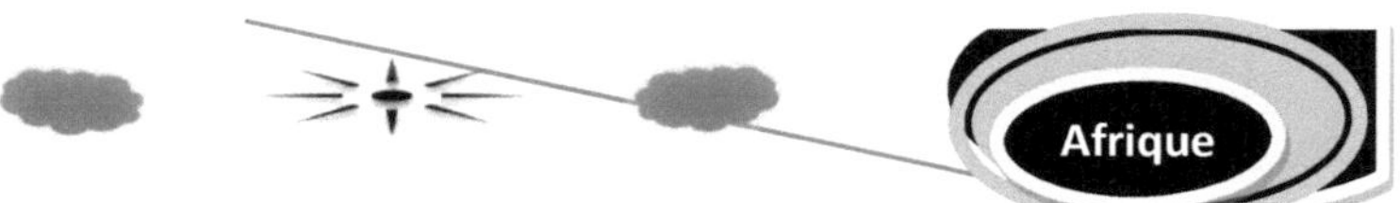

Je m’ennui

Seul, enfoui

Au fond de cette planète

A l'africain

I

Grave en toi ce message

Observe-le comme un visage

Enfant, chérie ta mère

Partage ses douleurs

Sur la rive étrangère

Tu pourras voir ses pleurs

Si la violence se déchaine

Oui, si l'effroi t'entraine

Si la brise souffle fort

N'aie pas peur de la mort

Tu es mon espérance

En toute cohérence

II

Mon protecteur

Et mon sauveur

Des faix de ma misère

Tu me porte lumière

Et dans le silence

Tu es ma confiance

Dans le désespoir

Tu es mon espoir.

Et dans ma faiblesse

Tu es ma richesse

En fin dans ma peur

Tu es mon bonheur

III

Ecoute mon fils, c'est ta mère qui te parle
Je me dis : ce n'est… peut-être pas le moment
Elles sont plus précieuses que les perles
Mes paroles. Garde-les jalousement.

Jour en jour, l'Afrique devient amère
Cependant, où est donc parti cet or
Dont nous a laissé notre mère ?
Regarde ! La ! Ceux qui nous causent du tort.

Voilà ce que dit ta chère
Fils, sache que tu es ma chaire
C'est moi ta maman, l'Afrique !
C'est quoi, ces nouvelles pratiques ?

Réponds-moi : d'où vient cette guerre mon garçon ?
Où va l'Afrique comme dans un buisson ?
Va-t-elle certainement s'écrouler !
Quant à la paix, ils veulent l'isoler !

Ecoute-moi et tu ferras ma joie
Regarde : l'africain pleure cette fois
Hé ! A quoi t'a servi ton orgueil ?
Pourquoi as-tu bouché tes oreilles ?

IV
Que t'as valu la richesse dont tu te ventais
Tout cela est passé comme une ombre
Comme une rumeur qui s'efface, tout devient sombre
Ta chère Afrique, toujours malmené, se tait

Je suis malade du sous-développement
Dit l'Afrique. Voici je souffre de corruption
Je perds, je larmoie l'avenir de l'éducation
Même si je garde espoir, que verrais-je autrement ?

Qui viendra à notre secours ? Personne !
Tant de peine pour unir, tu frictionne.

De cette opulente guerre, qui me
Fera sortir ? Voici ! Elle devient le Meu !

Cette guerre contre nous-mêmes
Et maintenant qui sait, quand finirait-elle ?
Et maintenant aide-moi à bannir ce dilemme
J'espère : nous ne la laisserons pas telle !

V

Je suis l'Afrique, je suis ta mère, voudrais-tu bien
M'écouter ? Comme à cette époque de paix gagnée ?
Que dire de plus ? De tout cela je me souviens
Eh bien oui ! Cette ère, je voudrai la regagner.

En effet, pas de société sans paix
Et toi, famille, écoute bien : pas de paix
Sans une grâce accordée du créateur
Mon fils, pour moi, tu es un gladiateur
Mes enfants prenez votre courage

Allez à l'école et étudiez fort
Car la voie le blasphémateur le tord
Pour la paix, trésor, je t'encourage

Fréquentez l'Eglise ou la Mosquée !
Croyez ! Ensuite adorez l'unique Dieu
Vous lorgnez ce territoire obséquieux
Par contre nos dirigeants révoqués

VI

Mes enfants, petits africains, votre mère
L'Afrique que je suis, je suis meurtrie de crainte
Et par cupidité les lois sont enfreintes
Et le changement ne vient plus que guère

La paix s'éloigne de moi
Y compris les jours de loi
N'aie pas peur de dire non
A la corruption : garçon !

Mon fils si tu t'es décidé à servir
Sois résolu, patient, garde ton cœur droit
Oui ! Que tes désirs ne soient pas adroits
Ta chère Afrique veut se faire reverdir

Ne te fatigue pas de la quête de paix
Dès lors, à ton frère, n'ai pas peur de t'unir
Comme un brave guerrier tu dois te munir
De tout ; et que la guerre trouve en toi son clapet

VII

Africain saisis le son de la trompette
Sous la tristesse tu me semble pompette
A l'ombre du soleil sombre je cris
Comme un défenseur de cette Afrique meurtrie

VIII

Qu'a-t-il comme activité ton frère africain ?

Le fait-il pour sa survie dans son quotidien ?

Alors est-il pour sa famille un abri ?

Qu'il vide les fosses, s'il parait tout contrit

Révère sa résolution sans condition

Encourage et soutien le dans sa position

Pareille comme une vermine

Je suis mesquine !

IX

Penses pas que je te laisserai seule

Quand bien tu lèveras les yeux,

Balaiera du regard ces lieux

Et que tu me verras parti tout seul

Saches que je ne serai pas loin de toi

Ouvre juste les yeux et concentre-toi

Je serai dans ton cœur, je serai ta pensée

Je bâcherai ton âme blessée et pansée.

Ne cesse jamais de penser à moi

Ne me supprime pas de tes nuits
Que je sente le soleil qui luit
Quand tu te mettras à compter les doigts
Quand tu brandiras dans les rues ta lame
Menaçant d'instaurer la paix
Icelle d'une utopie et sa gamme
Grand espérant et nul ne sait
Tu auras fort gagné, du moins essayé
Tu ouvriras les pages de ton succès
Toi seule les fermeras
Quand tu les achèveras.

A l'Afrique

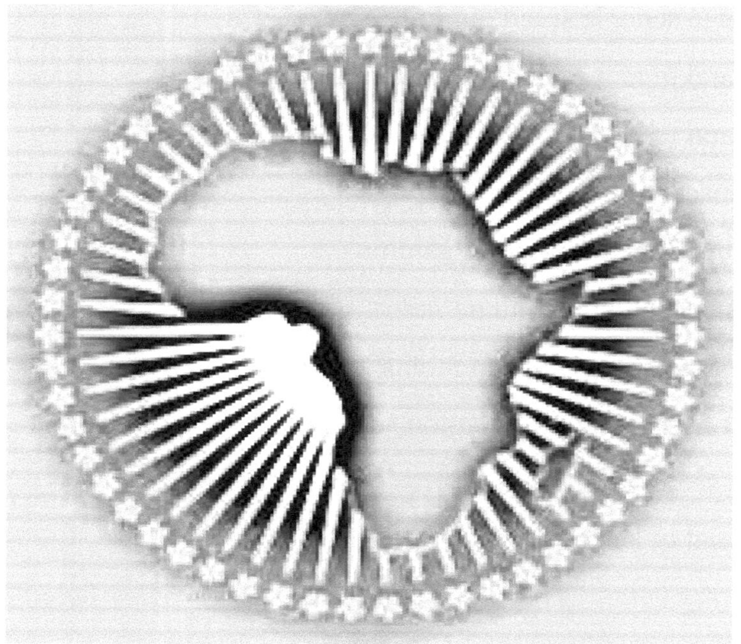

I

Tu es tombée aux mains de tes ennemis

Parmi tes amis, pas un seul qui te console

Tu es soumise à la corvée trainée au sol

Tu te lamentes, personne ne s'est permis

De venir à ton secours
Tout ton peuple pousse des cris de peine
Personne ne voit leur misère : la haine
Grandit dans un cœur qui court.

Les pères découpés comme une pastèque
Sans sensibilités qui restent évêques !
Tes fils enlevés, tes filles orphelines
T'es devenue veuve comme Adeline

On t'a rassasié d'amertume
Et enivré d'absinthe
Tes jeunes filles enceintes
Ton âme personne ne la parfume

Ils l'ont voulu pour toi, ces rois incapables
Ils te rendent plus faible et vulnérable
Quand on écrase et met sous ses pieds

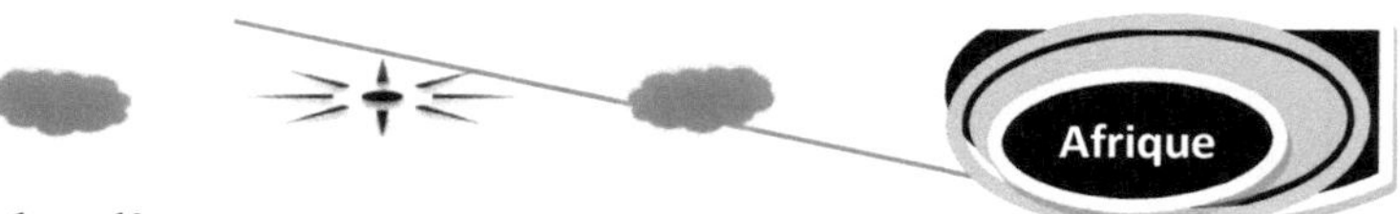

Tous les peuples d'une terre
Quand on tourne les droits d'une mère
Que reste-t-il à mettre sur pied ?

Une damnation éternelle
Jalousement gardée comme une prunelle
Il contrôle ton grenier
Personne ne peut le nier !
Peut-être reste-t-il un espoir
Dans cette solitude au parloir

II

En toi le grand délice de notre joie
Nous redirons tes amours aux villageois
Noire, tu es belle mère des africains
Tu chanteras à pleine voix ton jingle
Car tu trouveras victoire dans la jungle
De la main de tes vaillants négro-africains

Nous ferons la guerre pour toi, reste coi

Oui ! Sois sereine ! Nous te sommes courtois
Au chaleureux passage de tes sourires
Toutes les autres femmes ont l'air de flétrir

Un barouf
A tes ennemis tu leur présenteras
Une esbroufe
Ton visage aura la clarté d'une étoile
Et les sons de ta voix au gout des maroilles

III

Oô oui ! Ma chaleureuse mère des douleurs
A chaque dégât, voici un réparateur !
Hélas ! Tous sont partis. T'es restée seule
T'es rendue unique comme une peule

Toute pensante comme une veuve
Ton grand souhait : que tes enfants vivent.
Du bout des armes, ils t'ont versé du feu

Ils sont rentrés dans tes os
Descendus au fond des eaux
Ton honneur et tes valeurs comme un peu !

Tes dirigeants t'ont livré entre leur main
Je te ferai sortir le jour lendemain
Au jour de mon ardente colère
Ils payeront, rien je ne tolère

Tes ennemis sont plus forts
Mais hélas ! Ils ont eu tort
Tout ceci n'était que souillure
Sous une brise qui murmure
Ces gens qui nous montent les uns
Contre les autres : un butin !
De leur part, c'est une cause de leur ruine
Le jour, absents, la nuit comme la fouine

IV

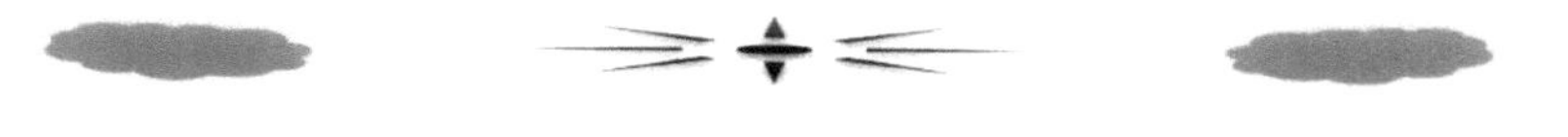

De ta ruine, je te relèverai
Et toutes tes plaies, je les panserai.

Non ! Ne crains rien, car je ne suis pas seul
Je serai avec toute une bande
D'africains. Il n'aura pas droit au linceul
Leurs pensées, les africains les sondent.
Aussi fermer leurs chemins avec des ronces
« Maa » contemple la démarche du triomphe
Ces corrompus qui tournent en ronde.

Crois-tu en Dieu ?
Vois-tu les cieux ?
As-tu confiance en moi ?
Je te prendrai ta croix.

Et vous qu'avez-vous à me regarder ?
Ne restez pas là à me regarder !

Venez à ma suite !

Venez ! Allons libérer l'Afrique

Hélas ! Presque cuite !

Mettre fin à cet acte vampirique

V

Pour toi MAMA AFRIKA

Tous les animaux des champs se lèveront

Et tous les oiseaux des cieux chanteront

Toutes les fleurs des champs s'éclateront

Toutes ces vies malheureuses changeront

Tu oublieras cette chute

Tu te souviendras de ta lutte

Les sages joueront à leurs flutes

Les pauvres prendront congé des huttes.

Pour toujours tu marcheras tête haute

Tes ennemis ne seront plus un hôte

Tu ne verras que des richesses sur tes côtes
Toute fière tu fêteras la pentecôte

Boum, boum ! La paix règnera comme une reine
Nous serons gais chez toi comme dans l'areine
Ton monde, ta société, rien comme gangrène
Tes fils fiers de l'être danseront pour le Rain.

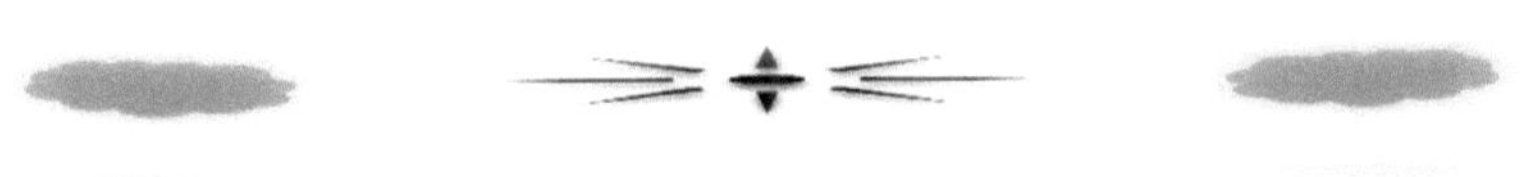

A- Au chef

I

Les gens ont marre des discours ennuyeux

A leur cause, trop de cris dans les cieux

L'histoire nous a rassemblés

La guerre nous a séparés

Unissons nos efforts

Et nous seront plus forts

Que notre main nous prenne
Que meurt enfin la haine
Ils sont coupés, nos liens
Séparés, nos chemins.
Eteins en nos cœurs, le foyer de tout mal
Fais-nous porter la joie du jour triomphal

Malgré que nous soyons fragilisés
Tu liras en nous des cœurs ébourrés
Arrêtez de jouer au matamore
Car notre sécurité vaut de l'or

Mettez fin au stade luciférien
Et remplacez-le tout entier par le bien
Tous, nous rêvons de coqueter
Mais notre espoir est dérobé

Je prie que Dieu pardonne

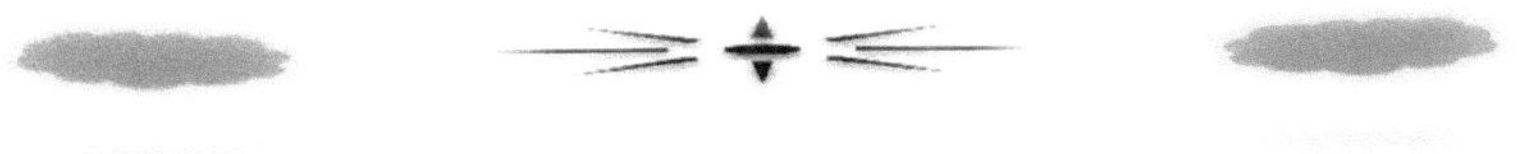

A ces gens qui nous donnent
Un sort tout indécis
Tordu aux dents de scie.
Dirigeants paranoïa et jobard
Rien ne vous convie en vous faisant voir.
Ces pauvres au tour de vous : trépident !
Fatigués, altérés, et languides

Ces nominations superfétatoires,
Ces discours patraques
Même ces attaques
Ne nous ont jamais éloignés du noir.

Tous comme des chiens, on aboie
Dans vos luxes, vous restez cois.
Quand allez-vous répondre à ces malandrins
Et faires payer ces bandits du grand chemin ?

II

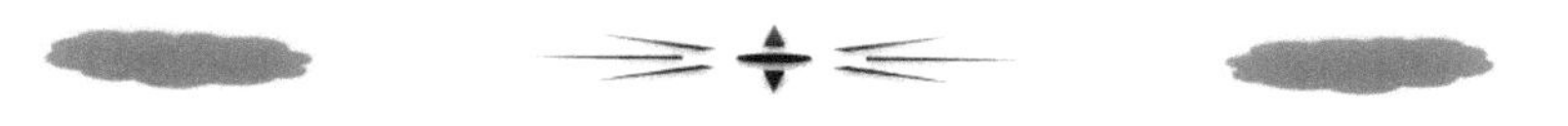

Sa majesté, mon chef, mon roi
Vous aurez peut-être le temps
De tourner regard vers la croix
Des éternels agonisants

Voyez-vous ces femmes qui s'en veulent
De ne pas sauver leurs fils de la mort ?
Qui pensent au mauvais sort
Et toutes abandonnées à elles seules

Ces jeunes enfants dont aucun ne sourit
Ces jeunes filles enlevées
Ces jeunes violées
Ce vent qui souffle, supposé maudit

Ces soldats qui s'en veulent tellement
Tellement pour ne pas avoir pu
Vite intervenir et au bon moment
A la vue de ces corps qui puent.

Et encore ces jeunes sans espoirs
Dont les études sont tous incertaines
Ces patients pris par le désespoir
Ces pères des familles dans les chaines.

Ces hôpitaux qui n'arrivent même
Pas à soigner la fièvre
Tous ces patients de neuf ans qui t'aiment
Qui meurent comme des chèvres
Ces autorités corrompues et malappris
Ces hommes en tenue dans leur malice
Des terroristes qui nous exposent au supplice
Phénomène dont vous n'avez pas encore compris
Ces accès monnayés des grandes écoles
Dont tous contaminés par la vérole

Ces patients qui ne survivent plus que guère
Malgré les efforts des infirmiers naguères
Formés.

Ces familles blessées à la première vue
De leurs beaux bébés qui se sont tous tus :
Mort-nés

Ces quartiers baignant dans l'obscurité
Par un gros manque d'électricité
Ces populations sous-informées
Par des informations déformées

Ces villes tristes, muettes, délaissées
Par des concernés paranoïas
Qui se font beaux comme des magnolias
Ouf ! Qui méritent d'être relayer

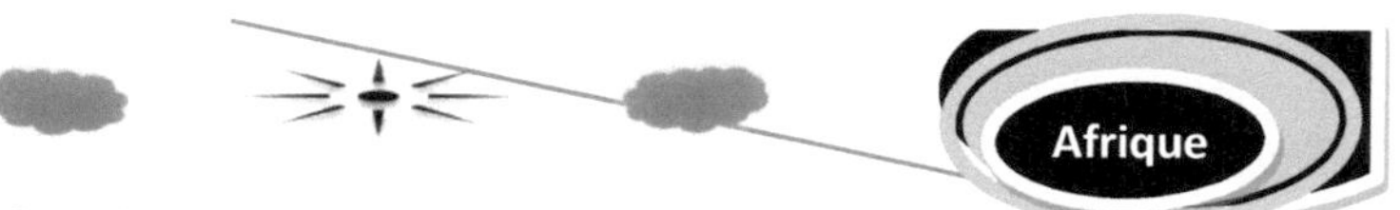

B- Liberté et égalité

I

Regardez-les manifester, tout simplement

Pour gagner des promesses qu'on en tient

Jamais !

Je l'ai vu marcher dans la rue pendant longtemps

Je l'ai vu jeter des rocs sur ces liens

Jamais !

Considérés comme des liens de dialogue
C'est vrai qu'on ignorait sa peine
Jamais !

Assez longtemps, elle a observé le décalogue
Presque toujours ; elle est malsaine
Jamais !
Dieu n'a eu raison de la créer
Pendant qu'elle pense à se recréer
Jamais !

Ils n'ont cessé de faire le même serment
Vêtir à jamais l'aube de celui qui ment
Jamais !

Elle n'est devenue réalité !
Et où est donc passée l'égalité ?
Jamais !

Ils disent à jamais nous sommes libres :
Mais ils n'ont même pas le droit de titre.
Jamais !

Ils n'ont réussi à nous obtenir
La vraie liberté, celle de s'unir !
Jamais !

Nous entendons parler des Etats unis d'Afrique
Hélas ! Fatigué de rentrer dans le publique
Jamais !

Ils ne donneront leur vie comme
Kadhafi, Mandela des hommes !
Jamais !

Leur loyauté ne sera jamais oubliée
Leur sacrifice ne sera jamais méprisé

Jamais !

Ils n'auront le courage d'Um Nyobe

Ils resteront pleurnichards comme des bébés

Jamais !

II

A

Hélas ! Fraichement vêtus comme des gens honorant

Perdus dans le sein de l'immense nature

Sommes-nous vraiment libres ? Pas de torture !

C'est exact : mais rester endettés et ignorants

Servons donc et mourons !

Quand un souffle de paix passe des rebords galants

Je vois l'oppression passer mers et océans

Quand ce bout d'unité traverse vos poitrines

La tête est tranchée et le cœur réduit au silence

Servons donc et mourons !

Ça fait combien d'années aujourd'hui
Que nos parents nos achètent des chevaux ?
Tandis qu'on veut les avoir en troupeaux
Lorsqu'on nous vend au prix croisé à mi nuit
Servons donc et mourons !

Ceux qui sont nos bouches se taisent
Ils sont tous contents et à l'aise
Tant qu'ils auront peur
Beaucoup : ceux qui meurent
Servons donc et mourons !

B

Je parfume mes habits
Jamais bonne odeur
Oups : je suis en conflit
Pas même sa couleur !
Servons donc et mourons !

Même si Trainé au sol,

Je me tais

Je n'ai point de parasol

Oui c'est laid !

Servons donc et mourons !

Je porte des beaux vêtements

Je brille comme ton amant

Or je suis très beau

Mais pas même dans l'eau

Servons donc et mourons !

Je traine une face triste et brulée

Ne m'avez-vous pas entendu hurler ?

Qui est venu à mon secours ?

Bien mieux vaut cesser ces discours.

Servons donc et mourons !

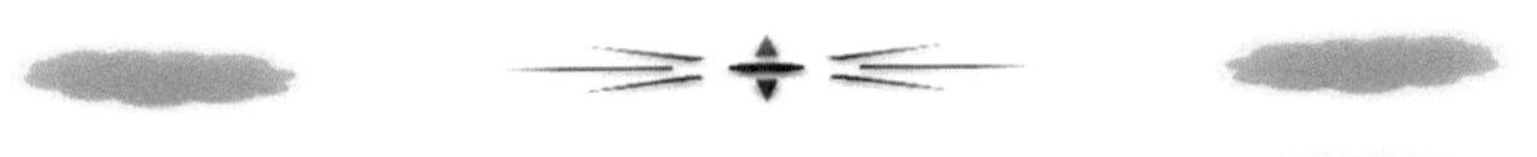

Le salon

I

Vaste à la vase que le voisin venait
De vendre. Verte à sa valise qu'il tenait
En main, semblait nôtre salon
A une taille de nylon.

C'est quand commence les troubles
Qu'on manque tous d'essence
Que les aiguilles de l'horloge
Perdent et changent de sens

Pas besoin de se faire des éloges
Avec cette merde : double !

Dans tout l'univers
En ce temps d'hiver
Pas une seule cause
Que cette laide rose
Rouge de sang
Des innocents.

On avait tous des nombrils
Cousus bien haut
Dans ces gros pots
Durant ce mois d'Avril

Ses quatre coins : une vraie œuvre d'art !

Première à être détruite comme Abel.
Ses décors s'exprimaient et la rendaient bien belle

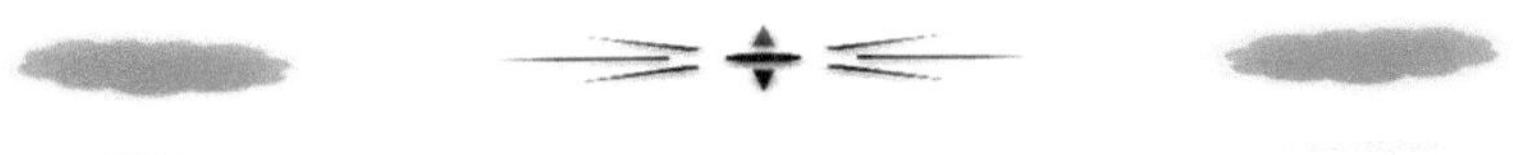

Dedans un homme

Se sent à Rome.

Tout est réduit aux charmes des marbres

A l'oxygène offert par des arbres

Comme celle de la paroisse anglophone

Lorsque sont interdis les cris des téléphones

Ainsi sous l'ombre des branches

Lors des messes de dimanche.

II

En la présence de papa, l'harmonie

Infinie

En ce lieu que je trouve triste aujourd'hui

En ces nuits

Que des ennuis

Toutes les nuits

Ce cube animé par les cris de ma mère

Larmes en mer

Cœur en prière

Ce fut amer !

Toute tremblante comme une hirondelle

Sous l'aile !

Son sac d'affaire à valeur d'aiguille

Derrière les fauteuils avec des yeux d'hiboux

Tout se changeait en cendres

Hélas ! Qui pouvait appeler le marabout

Pour éviter ces cendres

Peu à peu il devenait nu

Moi je devenais inconnu

Papa, déjà immolé ! Nous aussi sans doute !

Je voyais ces trucs rouges tomber en gouttes

A ces espoirs faibles pour les funèbres

Nos cœurs succombaient au fond des ténèbres

Je ne trouve plus ma Bible

Quel événement terrible ?

Des cris dans les cieux !
Regard prodigieux !
C'est horrible !
C'est terrible !

Cet affreux parfum
A un prix tout fin
La colère enivre
Plus rien ne prospère
J'ai honte de vivre
Tout seul, sans repère

Mon manteau se trouve près de la lampe
Y arriver ? Il faut que je rampe.
Malfaiteur : horreur au centre de son orgueil
Mon œil !
La grande perte se dessinait au crayon.

Voyons !

Sortis des abimes avec des cœurs en vitre

Triste écran, ceux qui perdaient leur sang par litre

Mais quand le soleil rentre en sommeil

Plus rien de pareil ici sous mon œil

Effrayée sous la table au visage pale

Petite sœur, nous lisons tous deux ce mal

C- Procès-verbal

Et là je suis perdu dans une ville
Très inconnue dont j'ignore même le nom
Que des cris d'oiseaux que j'entendais comme son
Au milieu de nul-part comme à la SIL

Seul, traineux et sans défense
Ce lieu était comme une ile, pierreux
Entouré d'eau sans aisance
Et remplit d'animaux plutôt dangereux

Tous les biens étaient détruits

Des cris d'enfants toutes les nuits

Il ne restait même pas un seul bâtiment

Des cadavres jusqu'aux chien, aucun survivant !

Les dégâts me font penser à une inondation

Mais il y'a là encore des braises de feu

Oui ! Des corps purs d'enfants, tous petits profanés

Peu après le décès des parents calcinés

Des parents qui essayaient de se défendre

Tous nus, sans armes, j'ai failli me pendre

Je suis seul et prisonnier dans ce vaste

Vide entouré d'animaux et de peste

Oui ! J'ai peur mais rien n'a mon temps

Je suis affaibli par ces tristes vents

Qui faisaient flotter mon cœur dans mon sein

Je veux pleurer mais les larmes

Me manquaient. Et je cherche d'armes

Sans trouver. La crainte envahit mon sein

J'entendais un grand bruit semblable à celui

D'un ouragan qui raisonnait derrière moi

Lentement je me tourne et je découvre quoi ?

Une bête féroce, seule qui luit

Elle était indescriptible mais sur elle

Je pouvais voir toutes ces choses :

Cinq têtes et une dizaine de cornes, belles !

Un chameau détruisant les roses.

D- Salle de classe

Des cerveaux assis au sol
Accrochés aux seuls rêves
Au rythme des tournes-sol
Tristement, tous, ils crèvent

Au feu blanc de l'ennemi
Parce qu'on les a permis

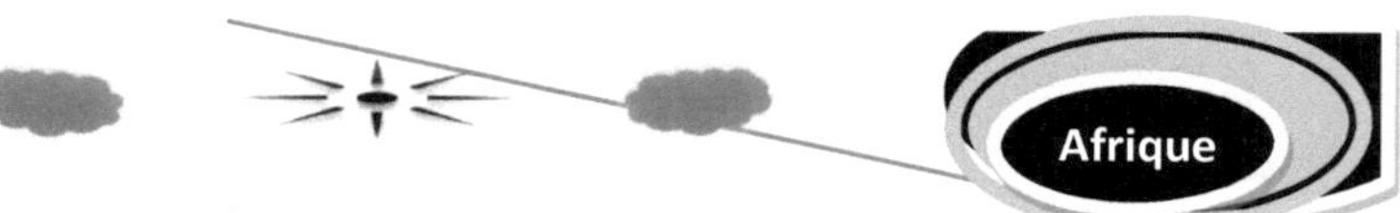

Pas nous ! Ils se connaissent
Sage, la forteresse

Sous l'idiotie des cèdres
Séduits par des mourvèdres
Boum ! Toute cette foule
Immense, par terre, roule !

Ils n'ont aucun espoir
Pas de laboratoire
Révisant dans le noir
Oubliant chaque soir
D'être attentive
Rien ne les motive
Pas besoin de grève
L'école ! Qu'elle vive !

CORONAVIRUS 2019

ENCORE APPELÉ COVID 19

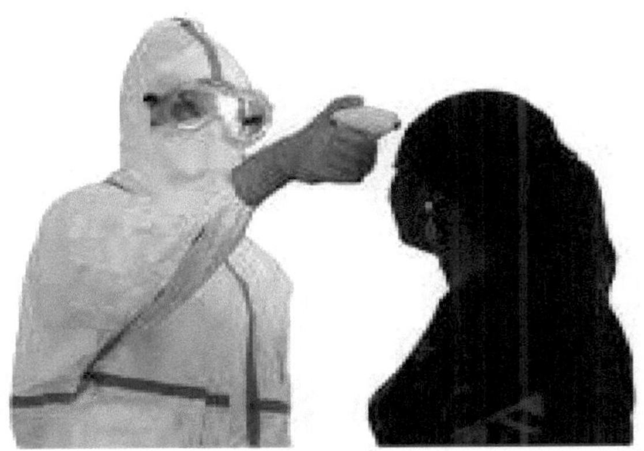

Contractant tout une partie fine

Ô ! malheureuses gent !

Rasant des populations en Chine

Ô ! malheureuses gent !

Nous perdîmes alors tout espoir

A capella dans des lieux saints

Vade retro Corona, virus malsain

Idem pensées de désespoir

Redoutable virus : tue en milliers par jour

Unissant les hommes, des recherches jour en jour

Sabotant tous les plans et rêves

Coronavirus, ton ère

Originaire de Chine

Rase à très grand feu la terre

On se cache, on se confine

Nous sommes désespérés et dépassés…

Alerte rouge ! nous mourons trop !

Vaines furent les recherchent jusqu'à ce jour

Insomnies : avec des mains entrelacées…

Riche ou pauvre, tous ab irato !

Une après une, on décède jour après jour !

Sans deuil, sans tombe, sans funérailles !

LE MATIN

L'espace et le temps

C'est étroit !

L'amour et la haine

C'est étroit !

Les chants d'oiseaux

Chaque matin

Tous les matins

Un réveille joyeux !

Une belle journée !

C'est adorable

En fin de compte.

Toutes ces couleurs

Qui composent la lumière du jour

Avec un éclat

Presque jaune

Qui mire ses rayons

Droit sur les yeux

Sur les toits

Sur les eaux des mers

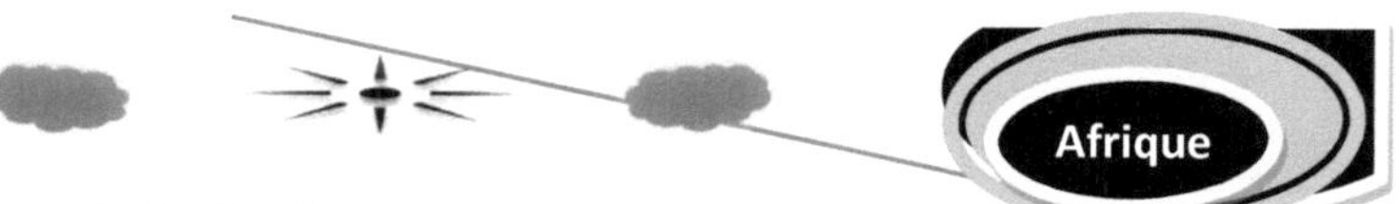

Et sur les arbres de la forêt.

N’est-ce pas beau ?

Pourquoi en priver certains

D’entre nous d’en profiter ?

L'odeur des feuilles fraiches

L'odeur des feuilles fraiches
Qui parfument nos côtés
C'est merveilleux !
C'est beau !
Lorsque, de la liberté
On jouit
On s'amuse
On bronze
On nage
On pêche
On chasse
Chacun en son goût

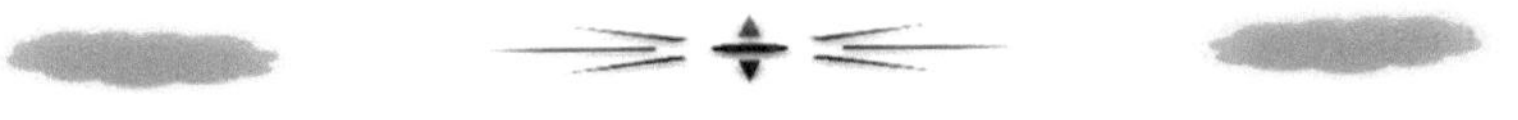

C'est là la liberté !

C'est là le bonheur !

Une tempête de sable

Une tempête de sable
Passe une région inconnue
Voilant les yeux et la table
Juste le temps qu'il continue
De couvrir des gestes honteux
Et soufflant un air pernicieux

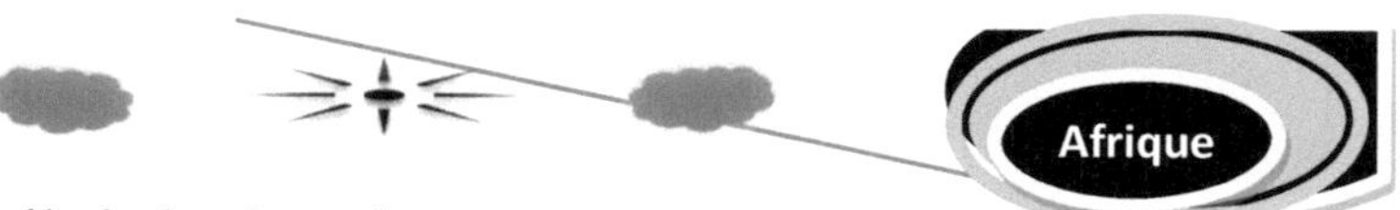

Comme un voile balayé par le vent
Comme une âme assoiffée du beau
Mes yeux n'y estiment pas un moment
Mais mon cœur s'est ouvert très tôt

Je marche les yeux bandés par mes pensées
Les marques de toutes mes douleurs pansées
Je le sens parler
Je le sens hurler

Viens ! prend mes mains !
Amène-moi loin d'ici
Aperçois mes sourcils
Vois le lendemain

La coupe de toute ma joie déborde
Nos valeurs se trouvent au bout de la corde
La patience est une coupe bue à chaud
La colère est une arme à feu

Que l'on pointe vers soi-même,

Qui tue comme Carpe diem

Et qui nous ronge à petit feu

Et en fin nous racler du mur comme la chaux

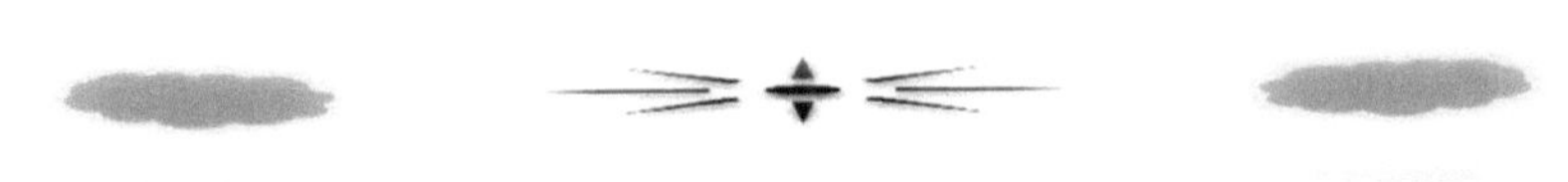

E- O mon âme

(1er mot = 6 lettres = 6phrases/paragraphe)

Déesse
Sous la plume de ta justesse
Instant doux comme des caresses
Oh ! Mon humble archiduchesse
Dans tous vos parvis, l'allégresse
Des surtensions dans ma détresse
Je prends refuge sous vos souplesses

L'Amour
Quittant et oubliant tous ses atours
A la recherche belle-de-jour
Pour lui je gardais un message lourd
Le carnage rentrait par les ajoures
Cet amour conduit en cavalcadour

Le clou

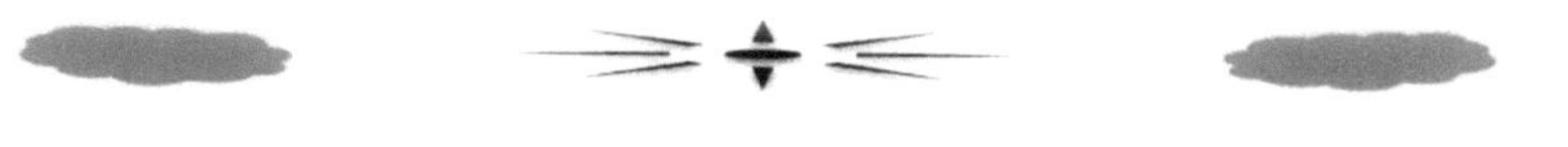

De ces odeurs mobiles dans la gueule-de-loup
Il réagit aux voix de celui qui l'affloue
Ces vents frontaliers étaient des arrache-clous
Ainsi faut-il sauver de la gueule des chien-loup
Comme un évadé, il s'échappa en glouglou
Bien sûr que Dieu était là, sacré marlou !

Aronde
Pour renouer les poumons qui se fondent,
Il déploie son habile et sa féconde
Donne de l'espoir à qui se morfonde
Se bat pour soulever les moribondes
Prisonniers de ces douleurs profondes
Sous les sons des carabines qui redondent.

Renoue
Envoyé en exil sous les coups du knout
Faisant descendre le joug sur nos genoux
Dans la nuit des solitudes qui dénoue

Nos liens étroitement couverts de burnous.

Homme furieux, tient ses reins et les noue

Il partit avec ce qu'il gardait pour nous.

Carême

De l'abstinence vers la bohème

Trop aiguisoir, soit blâme extrême

Transparence, otage du blasphème

Longtemps comme mathusalem

Qui logeait des cœurs en soi-même

Hélas ! J'étais nué et abstème !

F- DIEU

I

Dieu qui couvre et protège tout

Dieu fort et extrêmement Jaloux

J'écoute : que dira le seigneur Dieu

A ces hommes qui nous font la queue ?

Comme l'âme de Marie exalte le Seigneur

Moi j'exulte de joie en Dieu mon sauveur.

II

Ta femme sera dans ta maison

Hernu ! Tu lui donneras raison

Je suis monté en haut !

Et descendu en bas !

Rien, j'ai trouvé là-haut !

Rien, j'ai trouvé là-bas !

Avance ! Ton ombre te précède

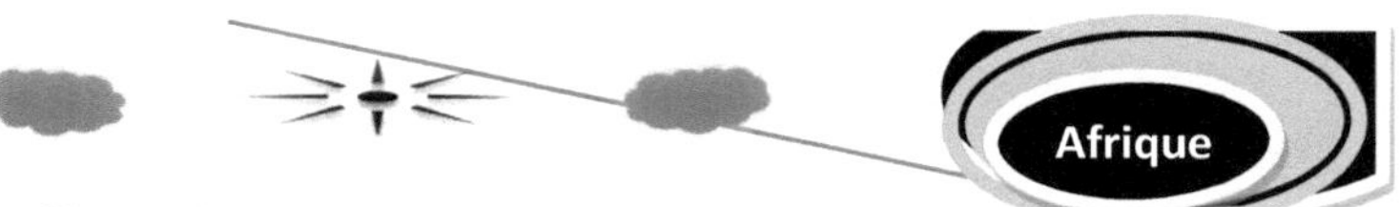

Aux cris des prières, j'intercède

Le soir est tombé

Avec lui

L'Afrique est tombée

Dans nos nuits.

Regardez tous ces peuples qui battent les mains

Car ils acclament le maitre de leur destin

Après toi, je langui, tout mué !

Vers l'horizon hostile : nué !

J'avance avec allégresse

Pitié ! Vois ma faiblesse.

II

Nous avons vu le calvaire

Et ceux dont la patience

Fait revivre

Nous étions à découvert

Une foule immense

A te suivre

Ils font peur à ceux qu'ils caressent
Pour élever l'injustice
Qu'ils désignent
Pourquoi manquent-ils de sagesse ?
En chœur en ces sacrifices
D'un grand signe !

III

A Dieu pour Engelbert Mveng (prêtre jésuite)

Si l'on scrute bien au fond
Il n'aurait pas écrit *Balafons*
Oui, le célèbre Engelbert Mveng
Et il aurait en paix bu son vin
Des arts de l'Afrique que l'on aime tant
Des mains fraiches des traditions entre temps
Lui et l'art c'est comme lui et l'Eglise

Mais lui et Christ c'est rutilant !

Un tel engagement contre la ruse

Et tout ce qui est lutinant

L'élèvent tout haut et le mènent vers Dieu

Puisse Dieu l'accueillir dans sa demeure

Avec tous ceux de nos pieuses pensées

Et Habiter enfin le jour mélodieux.

Une expression avatar, un des leurs

D'une vie derrière la croix ansée.

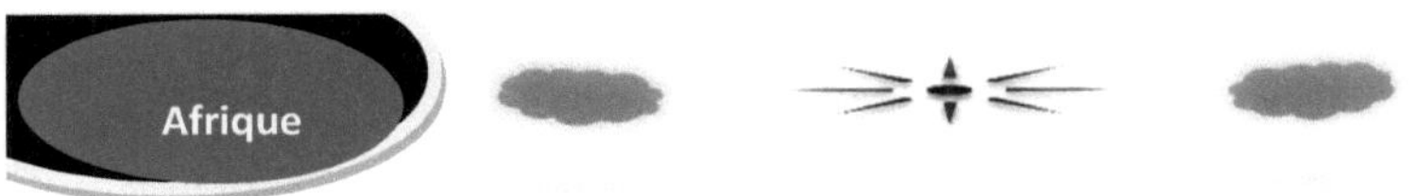

G- Evasion

Viens sauter

La peur t'enchaine, tu hésite

Mais oui ! La mort précoce, évite !

Comploté !

Nous courons les âmes brisées

Emportant ton cœur cicatrisé

C'est aléatoire !

Personne ne connait les suivants

Les heures sont comptées des vivants

C'est blasphématoire !

La vie est réduite à sa plus courte durée

Vois comme les poussières de nos pas sont azurées

Péremptoires

Sont nos efforts face à ces hommes.

Triste comme la chute d'une pomme.

Vexatoire

Est leur montée vers nos épouses,

Jadis belle comme une pelouse.

II

Les armoires

Sont vides ;

Languides,

Nos enfants,

Cependant,

Au parloir.

III

Cours ! Ils sont là

Ces gens aux cerveaux ablatés

Ces regards sans aucune fierté

On te verra ?

IV

A l'aube nous traverserons la rive

Nous serons

De l'autre bord avant qu'ils n'arrivent

Je file

Manger ces morceaux alésés

Sans fil

Un jour je descendrai vers eux

Mon armée

Ecrasera ces belliqueux

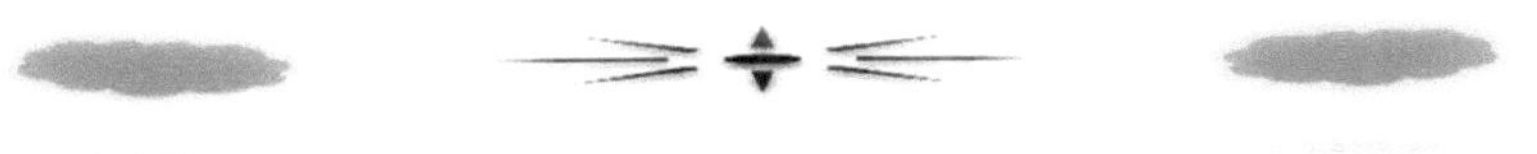

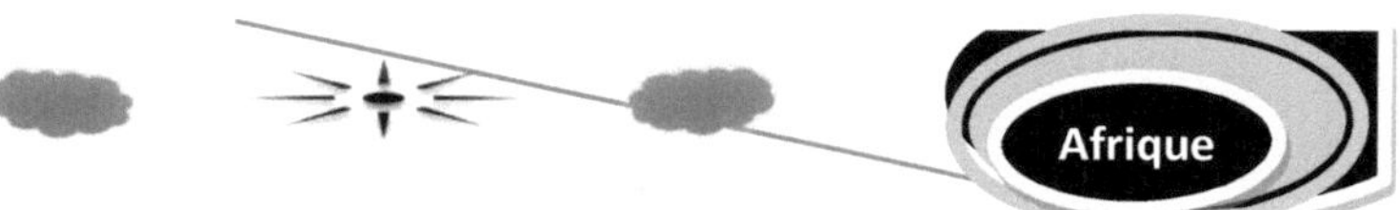

Ils succomberont sous mon ouragan

Ces curules

Qui porteront leur titre de brigand.

La confiance perdue

Si j'avais vu à l'évidence

Il n'y aurait pas eu cette échange

Ce cœur que tu m'as pris

Oui aimer j'ai appris

Mon amie écoute mes propos

Car ce je dis c'est à propos

De cette vie que tu m'as laissée

Jusqu'à toi je me suis abaissé

Il était vraiment tout petit

Ce cœur que tu m'as donné

Je n'ai pas pu en faire partie

Donc il faut me pardonner.

Si j'avais vu à l'évidence

Il n'y aurait pas eu cette échange

M- Moi

I

Le monde aurait pu changer

Le silence est échangé

Contre des armes

Versant des larmes

Seulement parce que je trouve que l'homme

Est cupide

Stupide

Marionnette

Malhonnête

Méchant

Gourmand

Orgueilleux

Vicieux

Qu'il fallût encore bien que je les nomme.

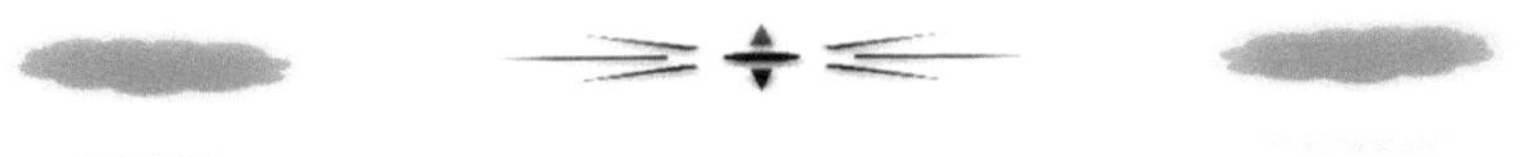

II

L'homme est un éternel insatisfait

Qui peut donc le lui reprocher ?

Lui qui traine un cœur à sécher

Irréfléchi, son désir, il le fait !

Malheur aux générations avenirs

Les bons moments ne seront qu'en souvenir

Vous formez une famille

Triste comme une chenille

Tirée des maïs purs

Devenues une ordure.

III

Cette histoire, je pouvais l'écrire en prose

Mais aussi je voulais faire d'elle une rose

Que chacun se sonde dans cette vitre

Reverdir son âme à l'éclat d'une mitre

Je vois tout ceci comme un mystère

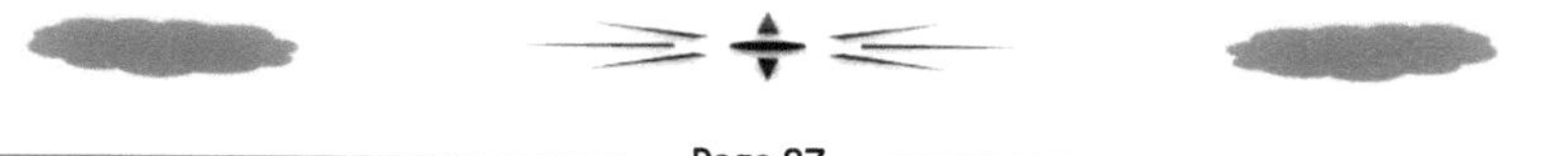

Qui fait des hommes sans repère
Je n'ai pas trouvé de peine
A consacrer des semaines.

Ma joie c'est de savoir, un jour,

Que j'ai atteint les cœurs de ceux qui me liront.
J'ai un cœur plein d'angoisse, troublé en sillon.
Je trouve l'odeur d'un poème
Précieux comme un parfum.
A ses ailes tout est fun
Oui ! C'est loin d'être un lemme

Qu'il parle dans vos âmes
Qu'il achève vos doutes
Qu'il tranche comme une lame
Qu'il comble tous vos voûtes.

IV

J'aimerais pouvoir vous dire mes adieux
Mais mon cœur est trop faible pour le faire
Lorsqu'il voue de tout ce qu'il faut parfaire
Ce long tunnel, en ce moment,
Dont vous traversez lentement,
Atteindrez-vous sûrement les cieux.

C'est parce que les ténèbres
Vous ont appelés
Que je e vous dédie des funèbres
Aujourd'hui
Par ces mots mêlés
Et sourds comme
Pour un puits.
Que la gomme
De Dieu passe sur vos fautes
Que vous marchiez têtes hautes.

Patienter c'est agir en attendant

Agir sans se faire remarquer cependant

Et quand le moment sera venu

Nous agirons en plein jour

Et ce sera le grand jour

Ceux qui nous font peur seront vaincus

Oui le pouvoir sera acquis

Et la paix sera restaurée

Ça ne sera plus un maquis

Cette tour sera restaurée

Les nuages nous voilent les cieux

I

Le ciel bleu couvert

Quand tombe le soleil

Et penche l'or vert

Reflet brise-soleil

Un cœur lourd ce soir

Porte un poids si noir

Pour une marche trop adagio

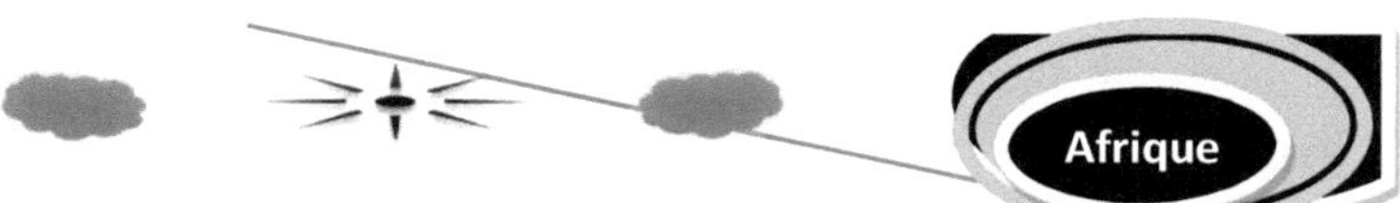

Car mes pieds trainent un lourd abot

Dieu est-il en vacances ?

Toute cette aberrance !

La marche vers l'exempt

Exclue tout exam

II

Une ciel bleu monte :

Et voici qui apaise les cœurs ;

Un tout qui surmonte,

Sans se cacher derrière la peur

Un matin nous sommes plus beaux.

Des sourires font le plein buccal ;

La joie fait vibrer les boyaux

Et fait le comble du canal ;

L'espoir se lève avec le jour,

Et tombe avec la nuit

Et lorsqu'on pense avoir tout perdu,

L'amour nous tend la main,

Et il nous revient toujours !

Même lorsqu'on dort à minuit,

Se tenant au chevet, mains tendues

Donnant goût au matin.

Une vie difficile

I

Il nous arrive parfois de vouloir

Appuyer sur la détente

Détruire, Excepté réfléchir et voir

Les bonnes options présentes

Et de dire : c'est terminer !

Dans un esprit non entêter !

II

Je cours très loin

J'y vais très vite

Je tends mon poing

Je cours très vite

Je poursuis d'aussi près mes rêves

Je vieillie

Enseveli

Profitant de l'instant de trêve

Lorsque je m'arrête,

Que le temps s'arrête,

Une brise douce

Tombe sur mon pouce

Je cligne des yeux

Pour provoquer un sourire

Dans des temps anxieux

Et provoquer un soupire

Là une marche rude

Vers la réussite et le bonheur

Des épreuves torrides

Marquent les chemins des pages de l'heure.

Se réaliser

Je dois me réaliser !

Quand je me penche sur l'eau,
Regardant mon visage,
Tel un autre de mon âge
Resserré dans un étau.
Au bord, mes pieds enlisés ;
Ma personne effondrée et étourdie
Des échecs que je lis dans mon portrait.
Et quand j'écoute mon âme alourdie,
Me le reprochant nuit et jour d'un trait,
Je me suis dit : « *Assez ! Assez ! Assez !* »
Et d'un smash je me suis relevé
Retenant une seule règle d'or :
Je dois désormais me réaliser !
Je dois définir moi-même mon sort ;
Oui ! Finie la course après l'alizé !
Me libérant de toute négativité
Me confiant à des meilleures activités
Ma Nation verra bientôt mes efforts
Mon supplice payera à coup sûr

Pieds et mains liés, je n'aurai pas tort
Liés pour langer !
Liés pour changer !

Notre force est vivante,
Notre courage d'autre fois
N'est pas encore terminé.
Notre éducation ardente
Nous aide à ménager la foi,
Même si nos chemins sont minés.

L'amour

L'amour est une force qui nous tient
Sans qu'on le désire,
Et qui demande beaucoup d'entretient
Pour assez chérir.
Lorsque le cœur s'ouvre et que le vent passe,
On se trouve converti en rapace.
On devient positif

On devient affectif
Il nous nourrit de force,
Pour aller de l'avant.
On peut bomber le torse,
Marcher comme un flamant.
L'amour nous perfectionne
A son gout, il façonne.
Tout être sous son emprise,
Ne verra que la surprise
Et le bonheur d'être aimé,
D'avoir un cœur animé.
Il se cache dans le silence
Il attend que tu te lance
Il habite un terrain paisible
La douceur d'une âme est sa cible

Lexiques

Ab irato : Sous l'empire de la colère

Ablatés : excisés, rompus, détruits

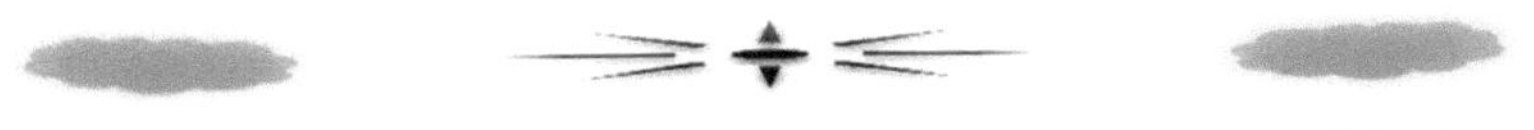

Absinthe : Herbe de Saint-Jean

Abstème : Sobre, concis

Adagio : Lentement, délicatement, doucement, posément…

Affloue : aide, secours

Ajoures : aurores

Amphigouris : charabias, confus

Areine : une galerie creusée au pied d'une colline, destinée à évacuer l'eau, et permettre l'exploitation de la houille et ou d'alimentation en eau.

Aronde : hirondelle

Azurées : célestes, divines

Barouf : bruit, vacarme

Blandices : charmes, enchantement

Blasphème : Sacrilège, Outrage

Bohème : originalité

Burnous : Grand manteau de laine à capuchon (en usage dans les pays arabes du Maghreb).

Brise : le vent faible ou modéré

Buisson : bois, forêt, bocage

Calvaire : souffrance, persécution, avanie

Clapet : bouchon, fermeture

Coi : muet

Coqueter : séduire, pavaner, épater

Cupide : Avare, Avaricieux, Affamé

Curules : siège d'ivoire réservé aux premiers magistrats de Rome. Magistrats, édiles curules, qui avaient droit à la chaise curule.

Dilemme : option, choix, alternative

Esbroufe : bluffe, tromperie, abuse

Faix : fardeau, charge, poids

Flétrir : gâter, alter

Frictionne : râpe, racle

Indécis : Craintif, Hésitant

Jobard : Naïf, niais; jobelin

Knout : bastonnade, fustigation

Languides : doucereux

Lorgner : observer, regarder

Luit : éclaire

Malandrins : bandits, brigands

Marionnette : Guignol, Poupée

Marlou : Souteneur, Maquereau, marle, malin, diable

Marri : consterné, embarrassé, contrit, repentant

Matamore : Prétentieux

Mathusalem : qui est ancien, révolu

Meu : (le) mien

Morfonde : qui patiente

Moribondes : agonisantes, mourantes

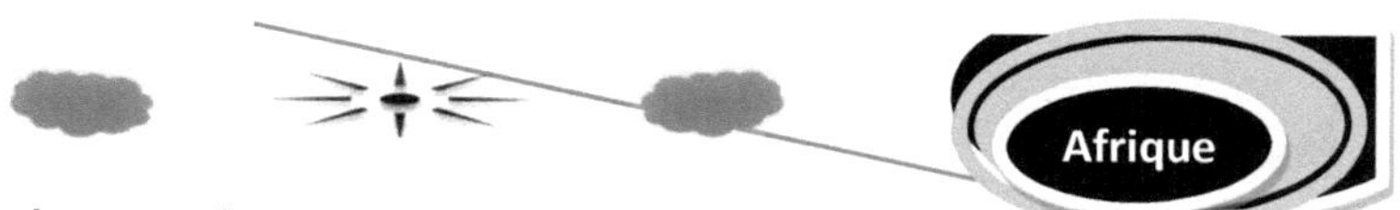

Mué : transformé, converti

Naguères : fraichement, récemment

Obséquieux : soumis, rampant

Opulente : abondante

Ouragan : tourbillon, tornade

Patraques : alités, souffrants, malades

Raine : bouvette, rainure,

Rutilant : éclairant, magnifique, éclatant,

Sulamite : personnage des cantiques des cantiques, femme séduisante

Tour : Bâtiment construit en hauteur, dominant un édifice ou un ensemble architectural. Bâtiment indépendant de grande hauteur, à usage d'habitation ou de bureaux (*Le Grand Robert*)

Trépident : Tremblent, frémissent

Utopie révolue : mythe, illusion dépassée

Vérole : syphilis

Vicieux : corrompu, gâté, pourri

Table des matières

Printed by Books on Demand GmbH, Norderstedt / Germany